SÉ LEER

Primer libro de cuentos para leer

by Dorothy Sword Bishop

Illustrations by Chuck Mitchell

National Textbook Company
a division of NTC/CONTEMPORARY PUBLISHING GROUP
Lincolnwood, Illinois USA

ISBN: 0-8442-7128-4

Published by National Textbook Company,
a division of NTC/Contemporary Publishing Group, Inc.,
4255 West Touhy Avenue,
Lincolnwood (Chicago), Illinois 60646-1975 U.S.A.

8 9 0 BC 9 8 7 6

Ya sé leer

Spanish for Young Americans Series

Preface

Ya sé leer is designed for young people who have had basic training in speaking and listening to Spanish. Used as a supplementary reader the book provides an easy transition from oral language to beginning reading.

The book contains twenty short readings and several rhymes and poems, and the vocabulary consists of approximately four hundred words. All of the readings are in the present tense. Some are narratives to give pupils experience in reading silently, and some are dialogues which provide material for reading aloud.

The dialogues lend themselves especially well to conversation practice. Pupils enjoy acting them out and the action gives more point to reading, correct pronunciation, intonation and expression. Many dialogues may also be adapted to oral practice in chain drills, verb drills and warm-up conversation based on subjects such as weather, telling time, numbers, mealtime, pets, and travel.

The first part of *Ya sé leer* deals with everyday happenings in the López family. In the various episodes, which are very short, present tense verb forms, idioms and expressions are used over and over again, but always in ways that are natural and necessary to the story.

In the middle of the book a few rhymes and short poems offer a change of pace; they may be used for choral practice as well as for memorizing and individual recitation. A story dealing with the adventures of the Mendoza family makes up the latter half of the book, and a considerable amount of practical vocabulary pertaining to travel appears in the narrative.

Situations and classes vary so much that it is impossible to say that this book should be introduced at any specific time. Spanish-speaking pupils no doubt will be able to read *Ya sé leer* much earlier than English-speaking, for other students will need considerable prior preparation in basic vocabulary, structure and idiomatic expressions.

The intent of this book is to provide reading material that makes an early experience in reading Spanish easy and pleasurable, thus building in the students confidence and a desire to read for both pleasure and information as they progress.

Dorothy Sword Bishop

Contents

La familia López

I

I. **La familia López**

La familia López vive en una ciudad de
los Estados Unidos.

Vive en una casa grande.

Hay cuatro personas y dos animales en
la familia.

La señora López es muy bonita y tiene
los ojos negros. Es morena.

El señor López es guapo y rubio.

Rosa es bonita y ayuda a su mamá.

Pedro es bueno, pero no le gusta trabajar.

Un gato negro vive en la casa. Se llama
Sultán.

Siempre duerme.

Un perro grande vive con la familia
también. El perro se llama Duque.

Siempre corre tras el gato.

¡Pobre Sultán! A Sultán no le gusta
Duque.

3

2. **Duque y Sultán**

El perro Duque es muy grande.

Es un perro de color café. Tiene orejas muy largas.

Duque es bueno cuando no es malo.

Le gusta correr tras los gatos.

Duque siempre corre tras Sultán.

A Sultán no le gusta Duque.

Sultán quiere dormir. No quiere correr.

Rosa grita— ¡Duque! ¡No corras tras Sultán!

Pero el perro no la escucha.

¡Pobre Sultán! Está muy cansado.

5

3. ¿Dónde está Sultán?

Hace mucho calor por la tarde.

MARÍA: —Tengo mucha sed. Deseo un refresco frío.

ROSA: —Yo también. Ven conmigo a mi casa. Creo que hay refrescos en el refrigerador.

MARÍA: —Con mucho gusto.

Las niñas corren a la casa de Rosa.

Rosa va a la cocina y abre el refrigerador. ¡Sultán está allí!

— ¡Mamá, Mamá! —grita Rosa. — ¡Ven aprisa!

¡Mira a Sultán!

Sultán está en el refrigerador.

— ¡Ay, qué gato más malo!

Creo que no tiene calor ahora.

[MEATS]

[CRISP]

[CRISP]

4. **Una visita**

A las nueve de la mañana toca la campana de la escuela.

Rosa y Pedro y sus amigos entran en la sala de clase.

—¡Buenos días! —dice el profesor.

—¡Buenos días! —responden los muchachos.

Es la clase de español.

—Hoy tenemos una visita. —dice el profesor.

Los niños miran, pero no ven a nadie.

—¿Quién es? —pregunta Rosa.

—Esta visita no habla inglés y no habla español. Tiene cuatro patas, cola larga, y dice miau, miau.

—¡No es posible! ¿Es un gato?

—Sí. ¡Miren! Duerme en el suelo cerca
de la ventana.

El gato no habla español. No habla
inglés tampoco. ¿Entiende el español?

¿Quién sabe?

9

5. **La muchacha nueva**

ELENA: —¿Quién es la muchacha que
está cerca de la ventana?

ROSA: —Es Alicia, una muchacha nueva.
Es de México. Alicia, quiero presentarte
a mi amiga Elena.

ELENA: —Mucho gusto.

ALICIA: —El gusto es mío.

ROSA: —Elena y yo vamos a la clase de
español.

ALICIA: —El español es fácil, ¿verdad?

ELENA: —Para mí es difícil, pero me gusta.

ALICIA: —Para mí es difícil el inglés.
Tengo que estudiar mucho.

ROSA: —Tú hablas muy bien el inglés.

ALICIA: —Gracias.

ELENA: —¿Estudias el inglés en México?

ALICIA: —Sí, todos los muchachos
estudian el inglés en mi escuela en México.

Dos rimas

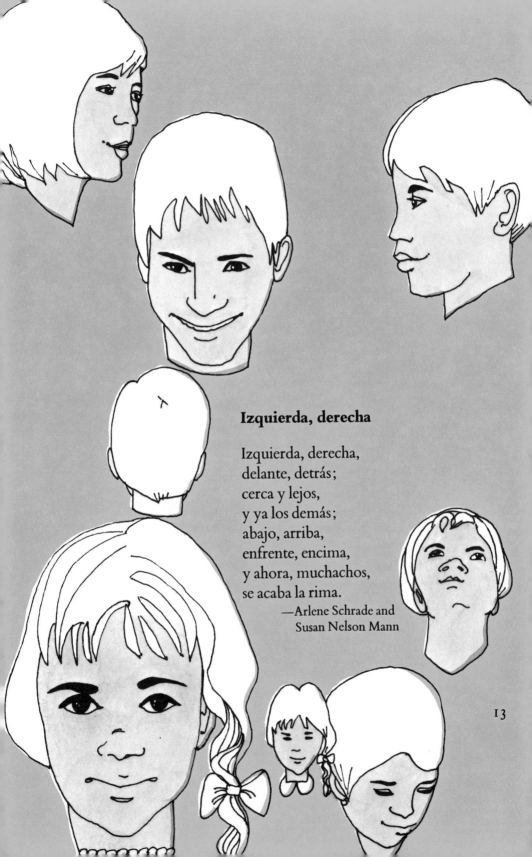

Izquierda, derecha

Izquierda, derecha,
delante, detrás;
cerca y lejos,
y ya los demás;
abajo, arriba,
enfrente, encima,
y ahora, muchachos,
se acaba la rima.
—Arlene Schrade and
Susan Nelson Mann

13

Las horas

A las siete, me levanto.
A las ocho, desayuno.
A las nueve, voy a la escuela.
A las diez, estoy en la clase.
A las doce, tomo almuerzo.
A las tres, salgo de la escuela.
A las cuatro, juego con mis amigos.
A las cinco, toco la guitarra.
A las seis, como la cena.
A las ocho, miro la televisión.
A las nueve, me acuesto.
A las diez, viene el sueño.

14

6. **Por la mañana**

Es lunes. A las siete y media de la mañana Rosa se despierta y llama a su hermano.

—¡Pedro! ¡Pedro! ¡Levántate!

Pero Pedro no quiere levantarse. Tiene mucho sueño.

Quiere dormir.

—¡Pedro! ¡Pedro! —grita Rosa otra vez en voz alta.

—Ya voy. Ya voy—dice Pedro, y se levanta.

Pedro se lava la cara y las manos. Se limpia los dientes y se peina el pelo. Tiene mucho sueño, y no anda rápidamente.

—Ven y toma tu desayuno—dice la mamá.

Pedro entra en el comedor. Su papá, su mamá, y su hermana Rosa están en la mesa y toman el desayuno.

Se hace tarde. La mamá dice—¡Siéntate y come rápidamente!

Rosa come y sale de la casa. Corre muy aprisa y llega a la escuela temprano.

Pero Pedro come lentamente y camina lentamente. Llega tarde a la escuela.

—¿Por qué llegas tarde? —pregunta la profesora.

—Porque tengo mucho sueño—dice Pedro. —No puedo levantarme temprano, y por eso llego tarde a la escuela.

—Entonces tienes que estudiar esta tarde; no puedes jugar con tus amigos a las tres y media. ¡Mañana levántate temprano!

17

7. **El desayuno**

Mamá está en la cocina. También está en la cocina Papá. Papá está en la mesa. Toma el desayuno.

MAMÁ: —¡Pedro, Pedro! Tu desayuno está listo. ¿Dónde estás?

PEDRO: —Ya me voy, Mamá.

MAMÁ: —¡Date prisa! Tú vas a llegar tarde.

PEDRO: —Mamá, tengo mucho tiempo. Son las ocho y no tengo que ir a la escuela ahora.

PAPÁ: —Es verdad. Pedro tiene mucho tiempo. Pero yo no. Tengo que irme.

MAMÁ: —Pues, hasta pronto.

PAPÁ: —Hasta la vista. Adiós.

PEDRO: —Adiós, Papá.

8. **Pedro se lava las manos**

MAMÁ: —La comida está lista. ¿Estás listo, Pedro?

PEDRO: —Sí, Mamá. Tengo mucha hambre.

MAMÁ: —¿Están limpias las manos?

PEDRO: —Ahora voy a lavarme las manos.
¿Dónde está la toalla?

MAMÁ: —Aquí está. Ay, ¡qué muchacho! La toalla está
sucia ahora.

PEDRO: —Pues, las manos están limpias.
Vamos a comer. ¡Qué hambre tengo yo!

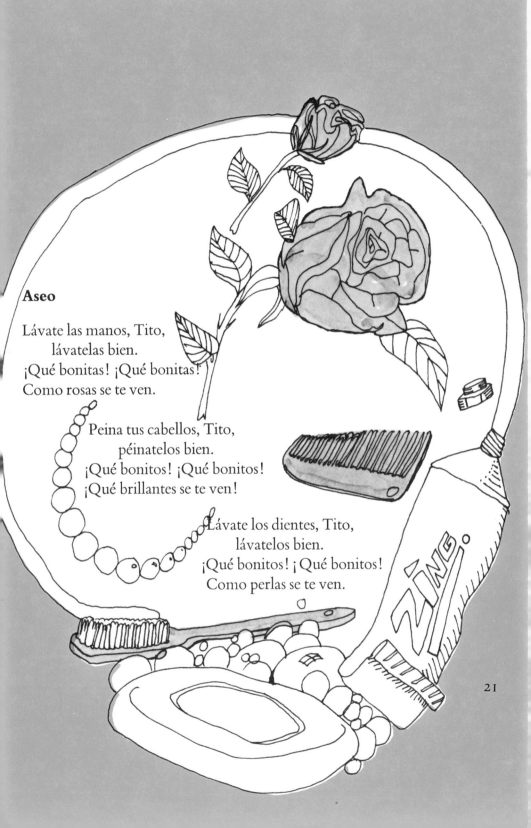

Aseo

Lávate las manos, Tito,
    lávatelas bien.
¡Qué bonitas! ¡Qué bonitas!
Como rosas se te ven.

    Peina tus cabellos, Tito,
        péinatelos bien.
    ¡Qué bonitos! ¡Qué bonitos!
    ¡Qué brillantes se te ven!

        Lávate los dientes, Tito,
            lávatelos bien.
        ¡Qué bonitos! ¡Qué bonitos!
        Como perlas se te ven.

21

9. **Pedro no tiene hambre**

ROSA: —¿Dónde está Papá? Es la hora de comer.

MAMÁ: —Papá come en el restaurante con sus amigos esta noche.

ROSA: —Pues, ¿dónde está Pedro?

MAMÁ: —Está en su cuarto. Dice que no quiere comer esta noche.

ROSA: —¿Por qué? ¿Está enfermo?

MAMÁ: —Creo que sí. No tiene hambre.

ROSA: —¡Qué lástima! Y tenemos helado para el postre.

MAMÁ: —Siéntate, Rosa, y vamos a comer.

ROSA: —Aquí viene Pedro. ¿Qué quieres, Pedro?

PEDRO: —Quiero un poco del helado.

MAMÁ: —Pero tú estás enfermo. Tú no tienes hambre.

PEDRO: —No tengo mucha hambre, pero quiero helado, y también las papas, la carne, el pan, y la ensalada.

MAMÁ: —¿Qué te pasa?

10. **Pedro y Pablo juegan**

¡*Tan*! ¡*Tan*!

Pablo viene a la puerta de su casa. —¿Qué quieres, Pedro?

Pedro dice, —¿Quieres jugar conmigo? Hay mucha nieve y tengo un trineo nuevo.

—Sí, quiero jugar. ¡Un momento!

Pablo sale de la casa. — ¡Vamos a jugar, Pedro!

Los niños juegan en la nieve. Hay mucha nieve, y hace mucho viento. Por eso no pueden ver bien.

—Tengo frío — dice Pedro. —Ven conmigo a mi casa. Mamá va a prepararnos chocolate caliente.

—¡Bueno! Me gusta el chocolate caliente. Tengo frío también.

—¡Vamos a correr! —dice Pedro, y los dos muchachos corren a la casa de Pedro.

—¡Mamá, Mamá! —grita Pedro. —Estamos en casa, Pablo y yo. Tenemos mucho frío.

—¡Pobrecitos! —dice la mamá. —Tengo chocolate caliente para Uds. Siéntense en la cocina.

—Muchas gracias — dicen los muchachos, y toman el chocolate. Ahora tienen calor y están muy contentos.

27

28

Rimas de los meses

Los meses del año

En enero hace frío,
en febrero también.
En marzo hace viento,
en abril está bien.

En mayo hay flores,
y en junio el amor.
En julio vacaciones,
y en agosto el calor.

En septiembre hay neblina,
en octubre el tronar.
Noviembre trae lluvia,
y diciembre el nevar.

¿Cuántos días en los meses?

Treinta días tiene septiembre,
abril, junio, y noviembre;
febrero tiene veintiocho,
y los demás treinta y uno.

29

11. ¡Feliz cumpleaños!

Es un día de fiesta. Para la familia López es un día muy alegre. Es el seis de marzo, el cumpleaños de Pedro. Tiene doce años.

Muchos amigos, los abuelos, los tíos, y los primos de Pedro van a la casa para celebrar su cumpleaños.

Por la mañana la señora López trabaja mucho en la cocina. Prepara una comida muy grande y muy sabrosa. El señor López, Pedro y Rosa trabajan mucho también. Pedro y Rosa ponen la mesa grande en el comedor. Ponen un mantel blanco y muchos platos y otras cosas. También Rosa pone flores muy bonitas en la mesa.

Son las cuatro de la tarde. *¡Rin, rin, rin!* ¿Quién llega? Los muchachos corren a la puerta. Los padres corren a la puerta. El perro corre a la puerta. El gato corre a la puerta.

Señor López abre la puerta. ¡Qué alegría! Los cuatro abuelos están allí. — ¡Qué bueno! ¡Cuánto me alegro!— dice el papá. — ¡Cuánto me alegro!— dice la mamá.

Entonces llegan los amigos, los tíos, y los primos. Todas

las personas le traen regalos a Pedro. Pedro está muy contento y dice —Muchas gracias, muchas gracias.

Ya es hora de la piñata. Se rompe la piñata y muchos dulces y muchos regalitos caen al suelo. Es una fiesta muy feliz.

Pedro dice — ¡Cuánto me gusta el cumpleaños! Es un día muy alegre.

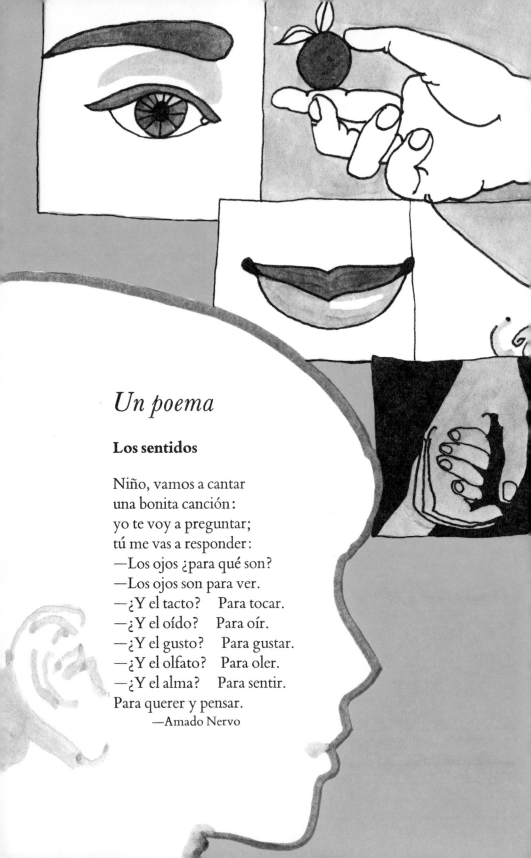

Un poema

Los sentidos

Niño, vamos a cantar
una bonita canción:
yo te voy a preguntar;
tú me vas a responder:
—Los ojos ¿para qué son?
—Los ojos son para ver.
—¿Y el tacto?   Para tocar.
—¿Y el oído?   Para oír.
—¿Y el gusto?   Para gustar.
—¿Y el olfato?   Para oler.
—¿Y el alma?   Para sentir.
Para querer y pensar.
            —Amado Nervo

La familia Mendoza

12. ¡Vamos a México!

La familia Mendoza está en la sala, el señor Mendoza lee el periódico, la señora Mendoza y los muchachos miran la televisión.

María dice —Papá, ¿vamos a hacer un viaje este verano?

Papá dice —No sé, María.

—¡Vamos a hacer un viaje en avión a la ciudad de Nueva York! —exclama María.

—¡No, no, no! ¡No me gusta el tráfico de Nueva York!

—Pero, Papá, es una ciudad muy interesante.

Juan dice —A mí me gusta la ciudad de Nueva York.

Mamá dice —Me gusta la ciudad de Nueva York también. Quiero ir de compras. Necesito ropa nueva.

—¡Ay, las mujeres! —dice Papá. —Vamos a la ciudad de México. Es muy interesante, y Juan y María pueden practicar el español.

—¡Bueno! ¿Podemos viajar en avión? —preguntan Juan y María.

—Tengo miedo — dice Mamá.

37

—¡Oh, Mamá! Los aviones son muy buenos. Y tú puedes ir de compras en la ciudad de México.

—Es verdad — dice Mamá.

—Pues, vamos a México —dice Papá. —Mañana voy a comprar los billetes.

¡Bueno, bueno! —gritan los dos muchachos. —Nos gusta viajar en avión.

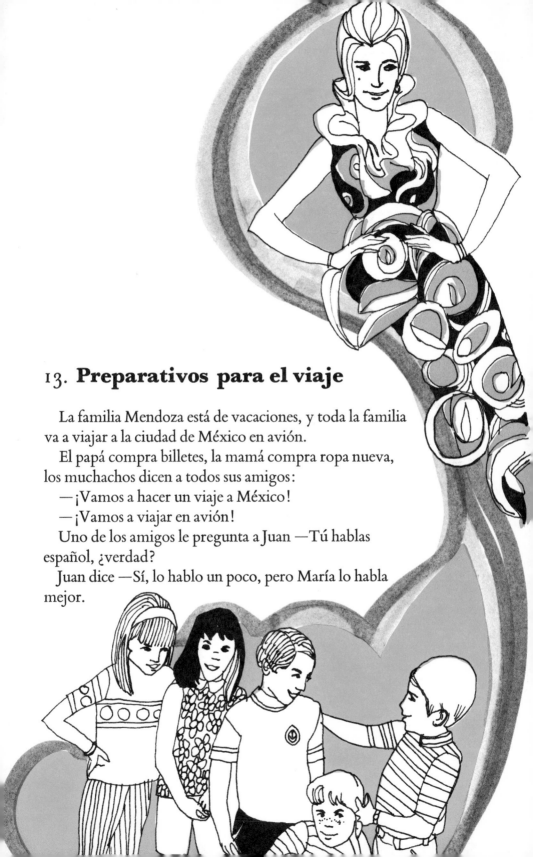

13. Preparativos para el viaje

La familia Mendoza está de vacaciones, y toda la familia va a viajar a la ciudad de México en avión.

El papá compra billetes, la mamá compra ropa nueva, los muchachos dicen a todos sus amigos:

—¡Vamos a hacer un viaje a México!

—¡Vamos a viajar en avión!

Uno de los amigos le pregunta a Juan —Tú hablas español, ¿verdad?

Juan dice —Sí, lo hablo un poco, pero María lo habla mejor.

—¿Por cuántas semanas va a quedar tu familia en la ciudad de México? —pregunta el amigo.

—Por cuatro semanas —el mes de julio.

—¿Te gusta viajar en avión? —pregunta el amigo.

—¡Ya lo creo!

—¿No tienes miedo?

—No, no tengo miedo. Los aviones son muy grandes y muy buenos — dice Juan.

—Pues, adiós, y feliz viaje.

—Gracias. ¡Hasta la vista!

14. **El papá compra billetes**

SR. MENDOZA: —Quiero comprar cuatro billetes para la ciudad de México.

AGENTE: —¿De ida y vuelta?

SR. MENDOZA: —Sí, por favor.

AGENTE: —Aquí los tiene.

SR. MENDOZA: —¿Cuánto cuesta un billete de Chicago a la ciudad de México?

AGENTE: —Cuesta doscientos dólares.

SR. MENDOZA: —Aquí tiene Ud. ochocientos dólares por los cuatro billetes. ¿A qué hora sale el avión?

AGENTE: —A las once de la mañana.

SR. MENDOZA: —¿A qué hora llega el avión a la ciudad de México?

AGENTE: —Llega a las dos de la tarde.

SR. MENDOZA: —Gracias. Pues, adiós.

AGENTE: —Adiós, señor, y ¡feliz viaje!

42

15. ¿Dónde están los billetes?

PAPÁ: —¿Dónde están los billetes?

MAMÁ: —No sé. ¿No están en el escritorio?

PAPÁ: —Voy a buscarlos. Los necesito para el viaje. ¡Ay de mí! ¿Dónde están los billetes?

MAMÁ: —¿Cómo vamos al aeropuerto?

PAPÁ: —Voy a llamar un taxi.

MAMÁ: —¿A qué hora sale el avión?

PAPÁ: —A las once. ¡Ay! ¡Ya son las diez y cuarto! Por favor, llama un taxi. Tengo que buscar los billetes.

MAMÁ: —Muy bien, pero ¡date prisa! Los chicos y yo estamos listos.

PAPÁ: —Bueno. ¡Ahora tengo los billetes! Están en el escritorio.

MAMÁ: —Por supuesto.

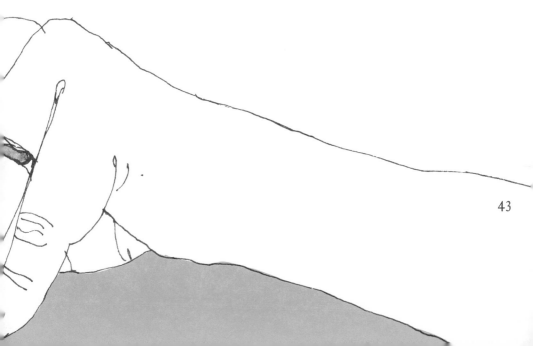

16. **En el avión**

PAPÁ: —¡Qué magnífico es este aeroplano!
Vamos a subir.

MAMÁ: —Tengo miedo.

JUAN: —A mí me gusta volar.

MAMÁ: —Estoy enferma.

JUAN: —¡Qué rápido vamos!

MARÍA: —¡Ay, tengo miedo!

PAPÁ: —¡Qué magnífico es el cielo!

MAMÁ: —Oooooo—estoy enferma.

PAPÁ: —¡Caramba! ¡Qué familia tengo!

17. En la ciudad

PAPÁ: —Vamos a dar un paseo por las calles de la ciudad. ¡Miren Uds.! ¡Qué alto es el edificio!

MAMÁ: —Es un rascacielos muy alto.

PAPÁ: —Está cerca del Palacio de Bellas Artes.

JUAN: —¿En qué avenida estamos?

MARÍA: —Estamos en la Avenida Juárez.

PAPÁ: —Vamos a caminar en el Parque Alameda. Es un parque bonito y hay bancos para sentarnos.

JUAN: —¡Bueno! A todo el mundo le gusta el Parque Alameda. ¿Puedo comprar un globo?

PAPÁ: —Sí, compra dos globos, uno para ti y otro para tu hermana. Tu mamá y yo vamos a sentarnos en el banco.

Los muchachos corren y juegan con los globos. Un poco más tarde Juan y María se sientan en el banco con sus padres. Tienen calor.

47

MAMÁ: —Hace mucho sol y hace calor. ¿Tienen Uds. sed?

MARÍA: —¿Podemos tomar una soda?

PAPÁ: —Está bien. Vamos a buscar una fuente de soda. Voy a comprar soda para todos.

JUAN: —¡Bueno! ¡Vámonos!

18. El ascensor

Un día Juan y su primo José van a visitar a su amigo
Paco González. Paco y sus padres están en el Hotel del
Prado. Su cuarto está en el piso nueve. Juan y José tienen
que ir al piso nueve en el ascensor. Juan tiene miedo de
los ascensores. ¡Pobrecito!

JUAN: — ¡Qué hotel más bonito!

JOSÉ: —Vamos a subir en el ascensor.

MOZO: —¿A qué piso, por favor?

JOSÉ: —Al piso número nueve, por favor.

¡Qué rápido es el ascensor! (Mira a Juan.) ¿Qué te pasa?

JUAN: — ¡Ay! Estoy enfermo.

JOSÉ: — ¡Qué lástima! Tenemos que bajar pronto.

MOZO: —Está bien. Vamos a bajar ahorita.

JUAN: —Gracias.

MOZO: —De nada.

49

19. ¿Jamón o jabón?

Un día Juan Mendoza visita a Paco, su amigo mexicano.
La mamá de Paco dice a los muchachos — Por favor,
vayan Uds. al centro para comprarme frutas y carne.

—Bueno, con mucho gusto —dicen los muchachos, y
van al centro para comprar frutas y la carne para la mamá
de Paco.

Los muchachos entran en la frutería. —¿Qué desean
Uds. hoy? —pregunta el frutero.

—Quiero tres libras de plátanos y dos libras de
manzanas rojas — dice Paco.

El frutero le da a Paco los plátanos y las manzanas.
—¿Es todo?

—Sí, señor. ¿Cuánto cuestan las frutas? —pregunta
Paco.

—Diez pesos.

—Aquí tiene Ud. el dinero — dice Paco, y le paga diez
pesos.

—Gracias —dice el frutero. —Adiós.

—Adiós —dice Paco, y los dos muchachos salen de la frutería.

Más tarde los muchachos van al mercado. El vendedor les pregunta—¿Qué desean comprar hoy?

Juan dice —Tengo que comprar jabón.

—Muy bien — dice el vendedor. —¿Quieres jabón Lux, Dial o Camay?

—¿Lux, Dial o Camay? —pregunta Juan. —¡Necesito *jabón*!

—Está bien —dice el vendedor, —pero Dial y Camay son buenas marcas de jabón.

Juan dice —Dial no es jabón. El jabón es carne. ¡Me gusta mucho comer el jabón!

Luego el vendedor le entiende. —¡Ja, ja, ja! Tú quieres *jamón*. El jamón es carne. El jabón es para limpiarse.

Ahora entiende Juan y también dice —¡Ja, ja, ja!

—Poco a poco se va lejos — dice Paco.

—Pero antes de hablar, es bueno pensar — dice Juan.

—Cuánto tú aprendes hoy, ¿verdad?

—¡Ya lo creo! —dice Juan. —¡No me gusta comer el jabón!

53

20. **En la tienda de los loros**

Juan y Paco están en el mercado. Juan camina delante de Paco, y por eso él está ahora en la tienda de los loros.

—Paco, ¡ven acá! —grita Juan. —¡Mira los loros!

—¿Pueden hablar? —pregunta Paco.

—No sé, vamos a ver. —Y Juan va cerca de un loro verde y dice —¿Qué tal?

El loro no responde.

—¿Qué tal? —dice Juan otra vez en voz más alta.

—¡Cra–a–a–c! —dice el loro.

—¿Es todo lo que el loro puede decir? —pregunta Paco. Y el loro repite —Es todo. Es todo. Es todo. ¡Cra–a–a–c, cra–a–a–c!

—¡Qué tonto! Es todo también para mí — dice Juan, y los dos muchachos empiezan a salir, pero una mujer muy gorda con una cesta grande está en la puerta, y los dos muchachos no pueden salir. Entonces, detrás de los muchachos la voz de un hombre dice — ¡Abre la puerta! ¡Abre la puerta!

Los muchachos se vuelven. ¿Quién habla?

Mientras tanto la mujer gorda, muy rosada de cara, se echa hacia atrás de la puerta. Todas las personas se ríen de este espectáculo porque no habla un hombre, sino el loro. Los muchachos se ríen también, y después de dar las gracias al loro, salen de la tienda.

Spanish—English Vocabulary

a

a – to, at

abajo – below, under

abril – April

abrir – to open
   abre – he, she opens; you open

la abuela – grandmother

el abuelo – grandfather

los abuelos – grandparents

acá – here
   Ven acá. – Come here.

acabar – to finish
   se acaba – ended, finished

acostarse – to go to bed
   me acuesto – I go to bed
   se acuesta – he, she goes to bed;
     you go to bed

adiós – goodby

¿adónde? – where?

el aeroplano – airplane

el aeropuerto – airport

agosto – August

ahora – now
   ¡Ahora mismo! – Right away!

la alcoba – bedroom

alegre – happy

la alegría – joy

allí – there, in that place

el alma – the soul, mind

el almuerzo – lunch

alto, (-a) – tall, high

el amigo, la amiga – friend

el amor – love

el animal – animal

el año – year
   Tiene doce años. – He, she is
     twelve years old.

antes – before
   Antes de hablar, es bueno
     pensar. – Think before you
     speak.

aprender – to learn
   aprendes – you learn

aprisa – quickly
   Vete aprisa. – Go quickly.

aquí – here

arriba – high, above

el ascensor – elevator

el aseo – cleanliness

59

la **avenida** – avenue
el **avión** – airplane
¡Ay! – Oh!
  ¡Ay de mí! – Oh, dear!
ayudar – to help
  ayuda – he, she helps; you help
  ayudan – they help
azul – blue

b

bajar – to go down
el **banco** – bench
bien – well, good
el **billete** – ticket
  el **billete de ida y vuelta** –
    round trip ticket
la **boca** – mouth
bonito, (-a) – pretty
brillante – bright, brilliant
bueno, (-a) – good
  Buenos días. – Good morning.
buscar – to look for

c

el **cabello** – hair
café – brown
caliente – hot
el **calor** – heat
la **calle** – street
la **cama** – bed
caminar – to walk
  camina – he, she walks
  caminan – they walk
la **campana** – bell
la **canción** – song
cansado, (-a) – tired
cantar – to sing
la **cara** – face

la **carne** – meat
la **casa** – house
  en **casa** – at home
  celebrar – to celebrate
la **cena** – supper
el **centro** – downtown
  cerca (de) – near
la **cesta** – basket
el **cielo** – sky
  cinco – five
la **ciudad** – city
la **clase** – class
la **cocina** – kitchen
la **cola** – tail
el **color** – color
el **comedor** – dining room
  comer – to eat
    como – I eat
    come – he, she eats; you eat
la **comida** – meal, dinner, food
  como – like, as
  ¿cómo? – how?
  comprar – to buy
    compra – he, she buys
  con – with
  conmigo – with me
    Ven conmigo. – Come with
    me.
  contento, (-a) – happy, content
  correr – to run
    corre – he, she, it runs
    corren – they run, you (pl.) run
la **cosa** – thing
  costar – to cost
    cuesta – it costs
    cuestan – they cost
    ¿Cuánto cuesta? – How much
    does it cost?
  creer – to believe
    creo – I believe

Creo que sí. – I think so.

cruzar – to cross

  cruzan – they cross

cuando – when

¿cuánto? – how much? how many?

¡cuánto! – how much!

  ¡Cuánto me gusta el cumpleaños! – How I like my birthday!

  ¡Cuánto me alegro! – How happy I am!

el **cuarto** – room, quarter

  las diez y cuarto – ten-fifteen (10:15)

cuatro – four

el **cumpleaños** – birthday

  ¡Feliz cumpleaños! – Happy birthday!

ch

el **chocolate** – chocolate

d

dar – to give

  da – he, she gives; you give

  dar un paseo – to take a walk

  ¡Date prisa! – Hurry up!

de – of, by, from, with

decir – to say, tell

  dice – he, she says, you say

  dicen – they say

delante (de) – in front of

los **demás** – the others, the rest

dentro – inside

la **derecha** – right (direction)

el **desayuno** – breakfast

desear – to want, desire

deseo – I want

desean – they want

despertarse – to wake up

  se despierta – he, she wakes up; you wake up

después (de) – after

detrás (de) – in back of

el **día** – day

diciembre – December

el **diente** – tooth

diez – ten

difícil – difficult

el **dinero** – money

doce – twelve

el **dólar** – dollar

¿dónde? – where?

dormir – to sleep

  duerme – he, she, it sleeps; you sleep

dos – two

doscientos – two hundred

el **dulce** – sweet, candy

durante – during

e

echarse hacia atrás – to back out

el **edificio** – building

el – the

él – he

ellos – they, them

empezar – to begin

  empieza – he, she, it begins

  empiezan – they begin, you (pl.) begin

en – in, on, at, by

encima – on top of, above

enero – January

enfermo, (-a) – sick, ill

la **ensalada** – salad

61

entender – to understand
  entiende – he, she understands; you understand
entonces – then
entrar (en) – to enter, go into
  entra – he, she, it enters; you enter
  entran – they enter, you (pl.) enter
el escritorio – desk
escuchar – to listen
  escucha – he, she listens; you listen
la escuela – school
español – Spanish
los Estados Unidos – United States
estar – to be
  estoy – I am
  estás – you are (fam.)
  está – he, she, it is; you are
  estamos – we are
  están – they are, you (pl.) are
  está bien – all right, okay
este, esta – this
éste, ésta – this one
estudiar – to study
  estudio – I study
  estudias – you study
  estudia – he, she studies, you study
  estudiamos – we study
  estudian – they study, you (pl.) study

f

fácil – easy
la familia – family
febrero – February
feliz – happy

la fiesta – party
la flor – flower
frío, (-a) – cold
la fruta – fruit
la frutería – fruit store
el frutero – fruit seller
la fuente – fountain
  la fuente de soda – soda fountain

g

el gato – cat
el globo – balloon
gordo, (-a) – fat
gracias – thank you
  muchas gracias – thank you very much
  mil gracias – many thanks
grande – big
gritar – to yell, shout
  grita – he, she yells, shouts
guapo, (-a) – handsome, good-looking
gustar – to like
  me gusta – I like
  te gusta – you like
  le gusta – he, she likes; you like
  nos gusta – we like
el gusto – pleasure, sense of taste
  Con mucho gusto. – With pleasure.
  El gusto es mío. – The pleasure is mine.

h

hablar – to speak
hablo – I speak
hablas – you speak

habla – he, she speaks; you speak
hacer – to make, do
  hace – he, she, it does; you do
  Hace (mucho) sol. – It is (very) sunny.
  Hace (mucho) calor. – It is (very) hot.
  Hace (mucho) viento. – It is (very) windy.
  Hace (mucho) frío. – It is (very) cold.
la **hambre** – hunger
  tener hambre – to be hungry
  hasta – up to, until
  Hasta la vista. – I'll see you later.
  hay – there is, there are
el **helado** – ice cream
la **hermana** – sister
el **hermano** – brother
los **hermanos** – brothers, brother and sister
  hermoso, (-a) – beautiful
el **hijo** – son
la **hora** – hour
el **hotel** – hotel
  hoy – today

i

el **inglés** – English
  interesante – interesting
el **invierno** – winter
  ir – to go
    voy – I go, am going
    vas – you go, are going
    va – he, she goes; you go
    vamos – we go
    van – they, you (pl.) go, are going

  vayan Uds. – go (pl.)
  vámonos – let's go
  ir de compras – to go shopping
la **izquierda** – left (direction)

j

el **jabón** – soap
el **jamón** – ham
  jugar – to play
    juego – I play
    juega – he, she plays; you play
    juegan – they play, you (pl.) play
  julio – July
  junio – June

l

  la – the; her, you, it
  largo, (-a) – long
la **lástima** – pity
  ¡Qué lástima! – What a pity!
  lavar – to wash
    me lavo – I wash (myself)
    se lava – he, she washes (self)
  leer – to read
    lee – he, she reads; you read
    leen – they read, you (pl.) read
  lejos (de) – far
  lentamente – slowly
  levantarse – to get up
    me levanto – I get up
    te levantas – you get up
    se levanta – he, she gets up; you get up
la **libra** – pound
  limpiar – to clean, to wash
  limpio, (-a) – clean
  listo, (-a) – ready

63

lo – it
el **loro** – parrot
luego – then
el **lunes** – Monday

ll

llamar – to call
  llama – he, she calls; you call
llamarse – to be called, named
  me llamo – my name is
  te llamas – your name is
  se llama – his, her name is;
    your name is
llegar – to arrive, to come
  llego – I arrive
  llegas – you arrive
  llega – he, she arrives
la **lluvia** – rain

m

magnífico, (-a) – magnificent
malo, (-a) – bad, naughty,
  mischievous
la **mamá** – mama
la **mañana** – morning, tomorrow
la **mano** – hand
el **mantel** – tablecloth
la **manzana** – apple
la **marca** – brand
marzo – March
más – more, most
mayo – May
medio, (-a) – half
  a las tres y media – at three
    thirty
el **mercado** – market
el **mes** – month
la **mesa** – table

mexicano, (-a) – Mexican
México – Mexico
mi, mis – my
mí – me
mientras tanto – meanwhile
mío, mía – mine
mirar – to look (at)
  miro – I look
  mira – he, she looks; you look
  miran – they look, you (pl.)
    look
  ¡miren Uds! – look!
moreno, (-a) – brunette
la **muchacha** – girl
el **muchacho** – boy
los **muchachos** – boys; boys and girls
mucho, (-a) – much, many
  Mucho gusto. – I am pleased to
    meet you.
la **mujer** – woman
el **mundo** – world
  todo el mundo – everybody
muy – very
  muy bien – very well, very
    good

n

nada – nothing
  de nada – it's nothing
la **neblina** – mist, fog
necesitar – to need
  necesito – I need
  necesita – he, she needs; you
    need
negro, (-a) – black
nevar – to snow
la **nieve** – snow
la **niña** – girl
el **niño** – boy

los **niños** – boys and girls; children
no – no
la **noche** – night
nos – us
noviembre – November
nuestro, (-a) – our
nueve – nine
nuevo, (-a) – new
el **número** – number

o

ocho – eight
ochocientos – eight hundred
octubre – October
el **oído** – sense of hearing
oír – to hear
oyen – they hear
el **ojo** – eye
oler – to smell
el **olfato** – sense of smell
once – eleven
la **oreja** – ear
otra vez – again
otro, (-a) – other, another

p

el **padre** – father
los **padres** – parents
pagar – to pay
paga – he, she pays; you pay
el **palacio** – palace
El Palacio de Bellas Artes – Palace of Fine Arts
el **papá** – papa
la **papa** – potato
el **pan** – bread
para – for, in order to

parecer – to seem, appear
parece – he, she seems
el **parque** – park
pasar – to pass, to happen
¿Qué pasa? – What's the matter? What's going on?
peinarse – to comb
el **pelo** – hair
pensar – to think
pequeño, (-a) – small, little
el **periódico** – newspaper
la **perla** – pearl
pero – but
el **perro** – dog
la **persona** – person
el **peso** – peso (unit of Mexican money)
la **piñata** – pinata
el **piso** – floor (of a building)
el **plátano** – banana
el **plato** – plate
pobre – poor
pobrecito – poor little one
poco, (-a) – little, not much
Poco a poco se va lejos. – Little by little one makes progress.
poder – to be able
puedo – I am able
puedes – you are able
puede – he, she is able; you are able
podemos – we are able
pueden – they are able, you (pl.) are able
poner – to put
pone – he, she puts; you put
ponen – they put, you (pl.) put
Pone la mesa. – He, she sets the table.

Se pone los vestidos. – He, she gets dressed.

por – for, on, by, through
  por favor – please
  por eso – for that reason
  por supuesto – of course
porque – because
¿por qué? – why?
posible – possible
el **postre** – dessert
practicar – to practice
preguntar – to ask
  pregunta – he, she asks; you ask
preparar – to prepare
los **preparativos** – preparations
presentar – to present
  quiero presentarte a – I wish to introduce you to
la **primavera** – spring (season)
el **primo, la prima** – cousin
  los **primos** – cousins
la **prisa** – hurry
  ¡Date prisa! – Hurry up!
el **profesor** – teacher
pronto – soon, right away
la **puerta** – door
pues – well, well then

q

que – who, that
qué – how, what
  ¿Qué tal? – How are you?
  ¿Qué pasa? – What's going on?
quedar – to stay, remain
  La familia va a quedar. – The family is going to stay.
querer – to wish, want, like
  quiero – I want
  quieres – you want

quiere – he, she wants; you want
queremos – we want
quieren – they want, you (pl.) want
¿quién? – who?
  ¿Quién sabe? – Who knows?

r

rápidamente – rapidly, quickly
rápido – fast
el **rascacielos** – skyscraper
el **refresco** – soft drink
el **refrigerador** – refrigerator
el **regalo** – present
  el **regalito** – little present
reír – to laugh
  (se) ríen – they laugh
repetir – to repeat
  repite – he, she repeats; you repeat
responder – to answer
  responde – he, she answers
  responden – they answer, you answer
el **restaurante** – restaurant
la **rima** – rhyme
romper – to break
  se rompe – is broken
la **ropa** – clothing
rosado, (-a) – pink
rubio, (-a) – blond

s

saber – to know
  sé – I know
  sabe – he, she knows; you know
  saben – they, you (pl.) know

sabroso, (-a) – delicious
la **sala** – room, livingroom
    la sala de clase – classroom
salir – to leave, go out
    salgo – I leave
    sale – he, she leaves; you leave
la **sed** – thirst
seis – six
la **semana** – week
el **señor** – sir, Mr.
la **señora** – madam, Mrs.
sentarse – to sit down
    se sienta – he, she, you sit down
    se sientan – they sit down
    Siéntate. – Sit down. (fam.)
    Siéntense. – Sit down. (pl.)
los **sentidos** – the senses
    sentir – to feel, to perceive, to be sorry
septiembre – September
ser – to be
    soy – I am
    es – he, she, it is
    son – they, you (pl.) are
sí – yes
siempre – always
siete – seven
sino – but
el **sol** – sun
    solamente – only
    su, sus – his, her, their, your
    subir – to climb
    sucio, (-a) – dirty
el **suelo** – floor
el **sueño** – sleep
    Tiene mucho sueño. – He, she is very sleepy.

t

el **tacto** – sense of touch

también – also, too
tampoco – neither
tan – so
¡tan tan! – knock, knock!
tarde – late
la **tarde** – afternoon
    por la tarde – in the afternoon
el **taxi** – taxi
la **televisión** – television
temprano – early
tener – to have
    tengo – I have
    tienes – you have
    tiene – he, she, it has
    tenemos – we have
    tienen – they have, you (pl.) have
    tener calor – to be warm (a person)
    tener cuidado – to be careful
    tener frío – to be cold (a person)
    tener hambre – to be hungry
    tener miedo – to be afraid
    tener que – to have to
    tener sed – to be thirsty
    tener sueño – to be sleepy
el **tiempo** – time, weather
la **tienda** – shop, store
los **tíos** – aunts and uncles
la **toalla** – towel
tocar – to touch, to play an instrument
    toca – he, she, it touches; plays
    toca la campana – the bell rings
todo, (-a) (-os) (-as) – all, every
    todos los días – every day
tomar – to take, to eat or drink
    tomo – I take, eat
    tomas – you take, eat

toma – he, she takes, eats; you take, eat
toman – they take, eat
tonto, (-a) – silly, foolish
trabajar – to work
  trabaja – he, she works; you work
  trabajan – they work
traer – to bring
  trae – he, she, it brings
  traen – they bring, you (pl.) bring
el **tráfico** – traffic
tras – after
  corre tras – he, she runs after
treinta – thirty
tres – three
el **trineo** – sled
el **tronar** – thunder
tu – your (fam.)
tú – you (fam.)

u

un, una – a
uno – one

v

las **vacaciones** – holidays, vacation
  estar de vacaciones – to be on vacation
ventiocho – twenty-eight
venir – to come
  viene – he, she, it comes; you come

¡Ven aprisa! – Come quickly!
el **vendedor** – salesman
la **ventana** – window
ver – to see
  ve – he, she sees; you see
  ven – they see, you (pl.) see
el **verano** – summer
la **verdad** – truth
  ¿Verdad? – Isn't that so?
la **vez** – time
  otra vez – again
viajar – to travel
  viaja – he, she travels; you travel
el **viaje** – trip
  ¡Feliz viaje! – Have a happy trip!
  hacer un viaje – to take a trip
el **viento** – wind
la **visita** – visitor
visitar – to visit
vivir – to live
  vive – he, she lives; you live
  viven – they live, you (pl.) live
volar – to fly
volver – to return
  vuelve – he, she returns,; you return
volverse – to turn around
la **voz** – voice
  en voz alta – in a loud voice

y

y – and
ya – now, already
yo – I